Inhalt

Voice over IP startet durch!

Kernthesen

Beitrag

Fallbeispiele

Weiterführende Literatur

Impressum

GENIOS WirtschaftsWissen Nr. 01/2005 vom 13.01.2005

Voice over IP startet durch!

M. Westphal

Kernthesen

- Die Internet-Telefonie ermöglicht die Kommunikation über nur noch ein einziges Netz.
- Auch für Endverbraucher kann sich die Nutzung dieser Technologie rechnen. Allerdings muss das eigene Telefonieverhalten hierzu überprüft werden.
- Der Aufbau eines VoIP-fähigen Netzes bedarf der systematischen Planung und einer genauen Analyse der spezifischen Anforderungen.

Beitrag

Die Telefonie über das Internet war vor knapp zehn Jahren noch desillusionierend. Doch die verschiedenen Kinderkrankheiten von Voice over IP (VoIP) sind inzwischen beseitigt, gut 200 000 Deutsche telefonieren regelmäßig übers Internet. Unternehmen rüsten ihre traditionellen Telefon-Anlagen um auf IP-Fähigkeit, oder setzen bei Neuanschaffungen komplett auf diese neue Technologie. Auch im öffentlichen Sektor setzt sich diese Technologie immer stärker durch. Diese Technik macht für viele das Telefonieren billiger und man ist unter einer Nummer weltweit erreichbar. Schon im Knowledge Summary 11/02 war VoIP ein Thema, doch erst jetzt, auch aufgrund zunehmender Verbreitung des breitbandigen DSL sowie deutlich stabilerer Technologie gewinnt VoIP an Attraktivität und damit auch an Akzeptanz.

Die Internet-Telefonie ermöglicht die Kommunikation über nur noch ein einziges Netz

Vor einigen Jahren tauchte das Wort "Internet-Telefonie" wie aus dem Nichts auf. Zu dieser Zeit verbarg sich dahinter der Computerfreak, der mit seinem PC quasi zum Nulltarif rund um den Globus telefonierte. Damit schien endlich das Wundermittel gefunden. Voice over IP, oder kurz VoIP oder IP-Telefonie bezeichnet das Telefonieren über ein Computernetzwerk auf Grundlage des Internet Protocols (IP). Sofern breitbandiges Internet verfügbar ist, funktioniert diese Art des Telefonierens und ist darüber hinaus noch deutlich billiger. Das Telefonat wird bei der ständig aktiven Leitung quasi Huckepack genommen. (1)

Die technische Umsetzung der Voice over IP- (VoIP) Technologie geschieht über Umwandlung des gesprochenen Wortes (Voice) in digitale Datenpakete, welche dann über Datennetze, die auf dem Internetprotokoll basieren (over IP), transportiert werden. Damit wird auch eine separate Leitung nur für Telefonie überflüssig. Diese Konvergenz von Sprache und Daten beinhaltet dann auch Wartung, Support und Modernisierung nur noch für ein einheitliches Netz. (2)

Eines der großen Versprechen der Verfechter der IP-Telefonie war, dass sie den Anwender aus dem Joch der traditionellen Telefon-Anlagen-Anbieter mit ihren proprietären Lösungen befreien wollten. Durch die Migration zur IP-Telefonie sollten nicht nur die Daten- und Telekommunikations-Welt verschmelzen. Die Anwender sollten darüber hinaus ihre Telekommunikations-Nebenstellenanlagen flexibel und kostengünstig an ihre Bedürfnisse anpassen

können.
In der Realität aber sind VoIP-fähige Telefon-Anlagen fast genauso teuer wie klassische Anlagen. Zusatzfunktionen lassen sich häufig nur durch den Erwerb kostenpflichtiger Lizenzschlüssel oder den Zukauf weiterer Geräte realisieren. (3)

Auch für Endverbraucher kann sich die Nutzung dieser Technologie rechnen. Allerdings muss das eigene Telefonieverhalten hierzu überprüft werden

Auch für die Endverbraucher wird die Internet-Telefonie zunehmend interessanter. So locken derzeit fast alle DSL-Anbieter mit IP-Telefonie. Freenet, 1&1, Broadnet Mediascape, Sipgate, Web.de oder auch QSC bieten dazu Spezial-Packages samt Internet-Telefon an. (1)

Da derzeit der DSL-Anschluss immer noch an das Bestehen eines Telefonanschlusses der Deutschen Telekom gebunden ist, rechnet sich IP-Telefonie noch nicht in jedem Fall. So treten neben der hohen

Grundgebühr Probleme auf mit Telefonaten ins Ausland. Notruf- und Service-Nummern funktionieren nicht und Telefonate ins Ausland können nicht immer vermittelt werden, außerdem werden Anrufe ins Mobilfunknetz noch richtig teuer. Trotzdem können Vieltelefonierer schon mächtig sparen, da es bei einigen Auslandstelefonaten bereits Einsparungen in Höhe von bis zu 70 Prozent gibt. (1)

Die Regulierungsbehörde für Telekommunikation und Post (RegTP) hat die Zuteilungsregeln für Rufnummern für die Internet-Telefonie veröffentlicht. Es handelt sich hierbei um sogenannte nationale Teilnehmerrufnummern (NTR), die mit der Vorwahl 032 beginnen. Es gibt hierbei wie auch bei Mobilfunk- und Service-Rufnummern keine örtliche Zuteilung zu Vorwahlgebieten. Die einzige Einschränkung für die Zuteilung ist der Wohn- oder Firmensitz in Deutschland.
Hierdurch ist allerdings noch nicht geregelt, dass diese Nummern auch tatsächlich erreichbar sind. Zunächst müssen sich die Telefongesellschaften untereinander verständigen wie die Tarifierung ist und wie das Weiterleiten geregelt wird. Vermutlich werden die Anrufe aus dem Festnetz zu einem Internet-Telefon teurer als zu einem herkömmlichen Festnetzanschluss. (4)

Der Aufbau eines VoIP-fähigen Netzes bedarf der systematischen Planung und einer genauen Analyse der spezifischen Anforderungen

Der Weg zu einer VoIP-fähigen Netzinfrastruktur besteht nicht nur aus dem Schritt des Austausches der Endgeräte, sondern beinhaltet die Beachtung wichtiger Faktoren:

- Anbindung an den Carrier und die Leistungsfähigkeit der gesamten Infrastruktur (mit möglichst hoher Verfügbarkeit, um die gewohnte Zuverlässigkeit herkömmlicher Telekommunikationssysteme zu gewährleisten).
- Zum erfolgreichen Betrieb einer VoIP-fähigen Netzinfrastruktur ist ein sorgfältiges Netzwerkmanagement nötig.
- Entscheidend ist aber auch das Einsatzgebiet und die bereits vorhandene Infrastruktur. Nur wenn das Unternehmen bereits über eine leistungsfähige WAN-Technologie verfügt, stellt VoIP eine wirklich wettbewerbsfähige Alternative dar. (5)

Grundsätzlich sind die Varianten für die unterschiedlichen Bedürfnisse zu unterscheiden:

- Die reine VoIP-Lösung ist die kostenintensivste Alternative, bei der bereits im LAN IP-Telefonanlagen und IP-Telefone installiert werden. Sie sind derzeit etwa 25 Prozent teurer als eine traditionelle Telefonanlage.
- Es besteht die Möglichkeit einer Integrationslösung, bei der die herkömmliche Telefonanlage weiter verwendet wird. Dabei entfällt die Investition in IP-fähige Telefone im LAN, an deren Stelle Voice Gateways eingesetzt werden, die die Sprachdaten in IP-Pakete umwandeln.
- Eine weitere Alternative ist der Einsatz sogenannter Call Manager, die zusätzlich zur IP-Anlage in der Telefonzentrale installiert werden. Dieser erkennt, ob es sich um einen internen oder externen Anruf handelt und komprimiert entsprechend die internen Gespräche auf bis zu 8 Kbps. (5)

Fallbeispiele

Eines der ersten VoWLAN-Geräte wird der Blackberry 7 270 des US-Unternehmens RIM sein, welches Anfang dieses Jahres auf den Markt kommen wird. (1)

Die Bank of America hat sich entschlossen, in den kommenden drei Jahren 180 000 IP-Telefone in den Filialen zu installieren. Die Infrastruktur wie auch die Endgeräte liefert der Hersteller Cisco. (7)

Telefon-Anlagen, die VoIP-fähig sind müssen nicht mehr unbedingt teuer sein. Der Amerikaner Mark Spencer hat sie mit seinem Open-Source-Projekt auf Basis von Linux entwickelt und bietet diese Open Source-Anlage unter dem Namen "Asterisk" kostenlos an. (3)

Die Finanzverwaltung Nordrhein-Westfalen setzt schon heute auf die Technik Voice over IP. In den kommenden Jahren sollen in 145 Dienststellen rund 30 000 IP-Telefone installiert werden. Abhängig ist dieses Projekt noch vom Alter und technischen Zustand der bestehenden Telefon-Anlagen wie auch der zur Verfügung stehenden Haushaltsmittel. Nachdem eine diesbezügliche Entscheidung getroffen worden war, wurde eine europaweite Ausschreibung durchgeführt. Zur Wahrung einer gewissen Kontinuität wurde der Vertrag mit einer Laufzeit von vier Jahren geschlossen. Den Zuschlag erhielt die Firma Tenovis GmbH&Co KG. (3)

Sipgate, Freenet und Web.de, die größten Anbieter für Internet-Telefonie in Deutschland, haben ihre Netze im Dezember 2004 zusammengeschaltet. Die Kunden dieser Anbieter können somit kostenfrei miteinander telefonieren und werden nicht mehr über das Netz der Deutschen Telekom vermittelt. Zusammen haben diese Anbieter knapp 200 000 Kunden für VoIP. (8)

Weiterführende Literatur

(1) Was ist eigentlich - VoWLAN?
aus brand eins, Heft 10/2004, S. 120-121

(2) Finanzverwaltung Nordrhein-Westfalen Klassische TK-Anlagen haben ausgedient
aus Government Computing, Heft 01/2005, S. 13

(3) VoIP-TK-Anlage zum Tiefstpreis
aus Computerwoche, 10.12.2004, Nr. 50 Seite 20-21

(4) Netscape 8: Firefox und IE kommen unter ein Dach
aus c't - Magazin für Computertechnik, 26/2004, S. 52

(5) Voice over IP (VoIP) Erst planen, dann telefonieren
aus Government Computing, Heft 01/2005, S. 10

(6) DSL-KOMPLETTPAKETE AB 2005 T-Online setzt auf Breitband
aus IT Business, Heft 50/2004, S. 13

(7) Bank of America kauft IP-Telefone Digital Telefonieren
aus Die Bank, Heft 12/2004, S. 53

(8) Anbieter von Internettelefonie vereinen Angebote Sipgate, Web.de und Freenet legen Dienste zusammen · Deutsche Telekom soll DSL und Telefon entkoppeln
aus Financial Times Deutschland vom 08.12.2004, Seite 4

Impressum

Voice over IP startet durch!

Bibliografische Information der deutschen Nationalbibliothek

Die Deutsche Nationalbibliothek verzeichnet diese Publikation in der deutschen Nationalbibliografie; detaillierte bibliografische Daten sind im Internet über http://dnb.d-nb.de abrufbar.

ISBN: 978-3-7379-0300-4

© 2015 GBI-Genios Deutsche Wirtschaftsdatenbank GmbH, Freischützstraße 96, 81927 München, www.genios.de

Alle Rechte vorbehalten. Dieses Werk ist einschließlich aller seiner Teile – z.B. Texte, Tabellen und Grafiken - urheberrechtlich geschützt. Jede Verwertung außerhalb der Grenzen des Urheberrechtsgesetzes bedarf der vorherigen Zustimmung des Verlags. Dies gilt insbesondere auch für auszugsweise Nachdrucke, fotomechanische Vervielfältigungen (Fotokopie/Mikroskopie), Übersetzungen, Auswertungen durch Datenbanken oder ähnliche Einrichtungen und die Einspeicherung und Verarbeitung in elektronischen Systemen.